COUP D'OEIL

POLITIQUE ET IMPARTIAL

SUR

LA SITUATION INTÉRIEURE

DE LA FRANCE EN 1819.

PAR M. LE Chev. B.......

ex-Capitaine d'Infanterie, ancien émigré.

Omne Regnum in se divisum desolabitur,
Math., Cap. 12, Luc.; Cap. 11.
Ubi impartialitas, veritas ibi est.
Senec., in Cogit.

A PARIS,

IMPRIMERIE DE BRASSEUR AINÉ,

RUE DAUPHINE, N° 36.

Juillet. 1819.

AVANT-PROPOS.

Dans la crise orageuse où se trouve la France, au moment où l'horison politique s'obscurçit de plus en plus, il est du devoir de tout bon français, de tout ami de la patrie et de son gouvernement, de chercher à dévoiler les manœuvres perfides, et déjouer les projets de ceux qui veulent troubler sa tranquillité, et faire retomber la nation dans les liens de l'anarchie et sous le joug du dépotisme. La fin de la session de 1819, les intrigues qui commencent à s'ourdir pour les élections prochaines, les écrits séditieux qui circulent, tout présage que les nuées s'amoncèlent et que l'orage est sur le point d'éclater. Quoique blanchi dans les camps, et n'ayant jamais été initié dans les mystères de la diplomatie, j'ai suivi la révolution française dès son principe: et malgré ma grande jeunesse à cette époque, les jugemens que j'ai portés sur ses progrès, aux divers changemens de gouvernemens qui ont eu lieu, ont été toujours justifiés par les événemens. La position actuelle de la

France ne me paraît pas différer beaucoup des commencemens orageux de cette révolution funeste, que le retour d'un Roi adoré a mise à fin ; et, en qualité de fidèle serviteur et d'ami des lois, j'ai cru [de mon devoir de rappeler à mes concitoyens les principes qui doivent les diriger. Le peu de ménagement que je garde dans cet Opuscule, pour chacun des partis qui règne en France et qui s'entrechoquent, m'attirera peut-être la haine de tous ; mais il prouve l'impartialité avec laquelle il est écrit, et donne aussi la certitude que je n'ai eu d'autre motif et d'autres vues que l'intérêt public et l'amour de la patrie, vers lequel chaque Français doit être rappelé. Je m'estimerais trop heureux de pouvoir en ramener quelques-uns aux vrais principes tant méconnus actuellement, et qui, cependant, sont chaque jour mis en avant par ceux qui y sont le plus opposés. — Quelque soit le sort de cet Ouvrage (mon premier dans ce genre), pour lequel je réclame l'indulgence, ce sera pour mon cœur une grande satisfaction s'il obtient l'approbation des vrais amis de la patrie.

COUP-D'OEIL

POLITIQUE ET IMPARTIAL

SUR

LA SITUATION INTÉRIEURE

DE LA FRANCE EN 1819.

Après avoir étonné l'Europe entière par sa modération dans ses revers, au moment de recueillir le fruit de sa modération, la France, abattue pour un instant, ne pourra-t-elle se relever jamais, et ses divisions intestines opéreront-elles une destruction que des millions d'hommes armés contre elle n'ont pu effectuer malgré leurs efforts? Telle est la question qui se présente dès l'abord, en contemplant la situation actuelle de l'intérieure de la France. De toutes parts des voix séditieuses s'élèvent contre le chef du gouvernement, contre les ministres qu'il s'est choisi, contre les représentans même de la nation. Chaque projet de loi présenté à la chambre, chaque parole dite pour l'appuyer, chaque discussion à laquelle il donne lieu, tout devient l'objet du ridicule, du sarcarsme, et conduit même à des personnalités; chacun croit avoir le droit de critiquer ou de déraisonner, suivant ce que lui dictent son caprice, ses intérêts ou ses passions. Ces dissentions ne peuvent mener qu'à des résultats désastreux pour la patrie, et faire retomber la nation dans une anarchie encore plus déplorable que celle dont elle est si heureusement délivrée. Pour les prévenir, il faut remonter aux causes, rétablir les principes méconnus ou oubliés par chaque parti qui semble n'être guidé que par l'envie délirante de bouleverser l'État. Afin d'ôter à chacun d'eux tout prétexte de continuation à cette diversité d'opinions, destructive de l'ordre, il suffit de faire connaître la vraie base qu'ils doivent donner à ces mêmes opinions; et, cette base étant bien établie, si ces dissentions subsistent encore, on ne pourra s'empêcher de les considérer comme l'effet de la sédition et de la révolte. La saine raison et l'impartialité doivent être les guides salutaires qui dirigent cet examen; et, pour cela, il est nécessaire de jeter un coup-d'œil rapide sur la situation de la France dès le principe de la révolution, en donnant quelques détails succints sur les événemens qui se sont passés jusqu'à présent.

La France, parvenue en 1783 (1) au plus haut dégré de splendeur, était en 1787 tombée dans un tel état de débilité et d'épuisement, que pour pouvoir rétablir ses finances et raffermir son crédit chancelant, il ne restait à employer que des moyens extrêmes et violens. Le Monarque qui régnait alors, avait les intentions les plus pures, les meilleures vues politiques ; mais il se trouvait entouré de conseillers perfides, d'hommes pervers qui, depuis long-temps, cherchaient par leurs écrits à sapper les fondemens du trône et de l'autel. Ne voulant que le bonheur de son peuple, il convoqua les Etats-Généraux du royaume pour aviser aux moyens de remédier aux abus et de soulager la nation accablée sous le poids des charges de l'État. Les doléances des provinces présentaient le tableau des maux qui pesaient sur elles : le remède y était indiqué et il était facile (2) ; mais la morgue de la noblesse qui possédait presqu'à elle seule toutes les places et ne supportait que peu de charges : l'orgueil du clergé, trop fier de ses richesses et de as prépondérance: les prétentions exagérées dn tiers-état , tout concourrait à porter obstacle aux bonnes intentions d'un Prince à qui l'on ne pouvait refuser toutes les vertus, mais dont la faiblesse et le peu de fermeté ralentirent l'amour que les Français avaient pour lui. De condescendance en condescendance , on lui fit faire des actes qui le déprécièrent aux yeux même de ses plus zélés partisans, et dont il fut, ainsi que son auguste compagne et la grande partie de sa famille, la triste et infortunée victime. Tirons le rideau sur ces scènes de deuil, de sang et d'horreur qui feront gémir en tout temps tous les bons Français, et ne nous en rappelons que pour exécrer à jamais leurs auteurs et leurs instigateurs. L'établissement d'une République mit fin momentanément à un Royaume fondé depuis près de quinze siècles ; mais ce nouveau gouvernement devenait par lui - même trop ridicule pour un pays comme la France, et les bases en étaient si peu solides que, pendant près de douze années de sa durée, il ne pût avoir que des constitutions éphémères qui changeaient à chaque instant et qui ne faisaient que prolonger l'anarchie. Cependant les armées françaises aguerries par des combats journaliers, avaient vû dans ce laps de temps sortir de leur sein des généraux habiles qui commandaient pour ainsi dire à la victoire : l'un d'entr'eux sut la fixer. Cet homme indéfinissable, qui dès sa jeunesse annonçait qu'il ne serait pas un homme ordinaire, pétri d'audace, dévoré d'ambition, parv;nt à se faire mettre entre les mains le timon des affaires, d'abord comme chef de cette République imaginaire, ensuite comme chef-suprême d'un gouvernement monarchique et héréditaire dont il forma lui-même les constitutions et les lois.

Il ne manquait à Buonaparte, pour consolider son ouvrage et affermir sa couronne, que cette modération dans les succès qui ne fut jamais son partage. Fier avec juste raison de se voir à la tête de la nation la plus courageuse, et reconnu par toutes les Puissances qu'il avait vaincues, comme chef du plus bel empire de l'univers : fort de la confiance qu'avaient en son nom seul des troupes accoutumées à vaincre avec lui, et que des récompenses et des honneurs militaires attachaient à sa personne autant que la victoire et la perspective de la fortune et du pillage, dont il leur donnait le premier exemple ; les attachaient à la profession des armes (3) : plus fort encore par là certitude d'obtenir par le nombre les plus grands comme les plus petits avantages, Buonaparte, ébloui de sa grandeur et trompé par de perfides conseils, donna lui-même les premiers coups qui sapèrent son trône et renversèrent sa puissance. Yvre du système continental, il se trompa dans les moyens de le faire exécuter. La guerre injuste d'Espagne lui avait déjà enlevé beaucoup de partisans : l'assassinat qu'il commit sur la personne d'un prince d'un sang regretté, après avoir violé le droit des gens pour s'en emparer, vint augmenter le nombre des mécontens ; et la guerre de Russie, où les élémens semblèrent conjurés contre lui, mit le comble à ce mécontentement. Après une campagne loitaine et funeste, les Rois, ses voisins et ses alliés, dont

même une partie tenait de lui leur couronne ;
se réunirent pour écraser ce colosse mons-
trueux dont l'existence semblait leur présager
une ruine inévitable : ses troupes, découragées
par des revers sans cesse renaissans, commençaient à l'abandonner ; la nation, fatiguée par
ses demandes continuelles d'hommes et d'ar-
gent qui dépeuplaient l'empire et diminuaient
ses richesses, désirait une fin et un changement;
et la plus saine partie rappelait par ses vœux
son Prince légitime, errant depuis 25 ans, ins-
truit à l'école du malheur, et du nom duquel se
servaient les Puissances armées contre la France
pour légitimer leur invasion, et rappeler au
peuple leurs premiers sermens. La campagne de
1814 sera à jamais mémorable dans l'histoire.
Disputant pied-à-pied son territoire, l'armée
française se couvrit d'une gloire immortelle :
elle fut en grande partie détruite, sans avoir
été une seule fois vaincue ; et Buonaparte se vit
réduit à la cruelle alternative de l'anéantissement
ou de la déchéance. La lâcheté lui fit prendre
ce dernier parti (4) ; et, en quittant ses troupes,
il leur fit jurer une fidélité au Roi légitime, pa-
reille à celle qu'ils lui avaient promise. Les étrangers sortirent d'un pays où ils semblaient n'être
venus (5) que pour remettre Louis sur le trône
de ses ancêtres. Ce Roi si justement nommé *le
Désiré*, qui n'était venu reprendre les rênes du

gouvernement que la branche d'olivier à la main, avait prononcé les mots sacrés . *Paix et Oubli*, qui donnaient à toute la France la certitude d'un bonheur durable. Guidé par les principes les plus sages , il lui donnait l'espoir flatteur d'être bientôt , sous son gouvernement paisible, autant au-dessus des autres puissances qu'elle l'avait été pendant vingt-cinq années par la force des armes. Déjà les plaies commençaient à se fermer. Les départemens les plus maltraités par le fléau de la guerre semblaient déjà se révivifier : la confiance reparaissait dans le commerce ; quoique restreint dans ses anciennes limites, le royaume était encore grand et puissant ; mais cette prospérité renaissante alarma des voisins jaloux dont l'antipathie nationale fut dans tous les temps la source des guerres qu'il eût à soutenir.

Le Roi , en donnant aux Français la Charte constitutionnelle , monument éternel de sa bonté envers ses peuples , leur avait fait connaître , par cela même , que ce n'était plus sur les Français de 1789 qu'il venait régner , et que les lumières que la nation avait acquises sur ses droits , sa haine pour le despotisme et la servitude , rendaient impossible l'existence de la monarchie telle qu'elle l'était alors : il avait déclaré comme articles fondamentaux de sa constitution nouvelle, l'égalité de tous ses sujets devant la loi, et une commune participation aux charges, aux places et aux honneurs ; en reconnaissant la religion catholique et romaine pour la religion de l'Etat, il avait néanmoins permis le libre exercice de tous les cultes ; en consacrant les ventes des biens dits nationaux, il avait porté la tranquilité dans le cœur des acquéreurs ; en conservant la nouvelle noblesse et les nouvelles institutions, il formait autour du trône un rempart indestructible de fidèles serviteurs prêts à s'ensévelir sous ses débris avant d'y voir porter aucune atteinte ; mais il avait malheureusement à sa suite une foule d'intrigans dont les uns l'avaient toujours suivi dans son exil, les autres étaient rentrés en France seulement depuis l'amnistie accordée par Buonaparte ; d'autres, enfin, qui, sans être jamais sortis du territoire français avaient servi utilement la cause royale. Tous faisaient valoir leurs services et leur fidélité, quoique si cette fidélité eût été mise à l'alambic, elle n'eût présenté en résultat qu'une fidélité douteuse et subordonnée dans tous les temps, soit anx circonstances, soit à leur intérêt personnel (6). Forts de la bonté du Prince à leur égard, ils obtinrent des places, des récompenses, des honneurs ; et dès-lors ils se crurent tout permis. Les anciens nobles, les prêtres même crurent que sous un Roi aussi plein d'amour pour ses sujets, ils avaient droit de rentrer dans leurs biens et leurs honneurs passés , et reprendre cette morgue et ce despotisme orgueilleux qui les distingueint jadis. Expliquant la Charte à leur manière, on les vit faire parade de leurs prétentions chimériques (7). Ici on voyait ces gentillâtres d'autrefois affecter vis-à-vis la nouvelle noblesse le ton le plus fier et le plus méprisant : là les prêtres tonnaient publiquement dans leurs chaires contre les acquéreurs de leurs biens , et condamnaient à des peines éternelles ceux qui ne restituaient pas : partout les uns et les autres cherchaient à troubler la tranquilité publique par leurs discours et leurs actions. Le Roi ignorait ces menées sourdes et perfides , ces discours séditieux si contraires à l'esprit de la Charte. Ceux qui l'entouraient n'avaient garde de laisser parvenir jusqu'à lui les plaintes que de toutes parts on commençait à former ; parce qu'une partie de ces mêmes plaintes auraient réjailli sur eux. On se gardait bien de lui dire que les troupes , quoique lasses de servir , ne pouvaient oublier de sitôt le héros et les chefs qui pendant tant d'années les avaient conduites à la victoire ; qu'elles ne pouvaient perdre de sitôt le souvenir de cette cocarde et de ces aigles victorieuses qu'elles honoraient depuis si long-temps , et les voir remplacés par une couleur et des drapeaux dont la plupart n'avaient jamais eu aucune idée ; que ces souvenirs faisaient germer dans le cœur des soldats un mécontentement qu'alimentait encore la fierté de leurs nouveaux chefs, et que formentaient ceux qui, ne voyant dans la paix aucun moyen d'acquérir de la fortune et des honneurs, ou n'ayant jamais suivi que l'impulsion révolutionnaire et dévastatrice, regardaient avec peine la France renaître de ses cendres.

Les Anglais profitèrent de ces commencemens de rébellion, que peut-être ils soudoyaient, pour lâcher le dogue qu'ils tenaient, disaientils, enchaîné dans l'île d'Elbe ; et le laissèrent débarquer en France avec un peu moins de 400 hommes formant sa suite et son armée. A l'approche de Bonaparte une espèce de frénésie s'empar[...] : sans coup-férir, il traverse [...] partout avec cet enthous[...] de la crainte ou de l'i[...] avec une escorte d[...] le drapeau tricolore [...] le Roi, les Princes, to[...] sont forcés de fuir devant [...] plus être regardé que [...] sa rentrée en France, e[...] en cet instant comme [...] il casse tout ce qu'av[...], fait de nouvelles or[...] son système militaire [...]ée pour soutenir son usurpation ; et afin de mettre de son côté les apparences d'une élection tout-à-fait nationale, il convoque un Champ de Mai à l'instar de ceux que convoquaient les anciens Rois des Francs, pour consacrer leur élection. Après ces actes de jactance, il va rejoindre cette nouvelle armée, orgueilleuse encore de l'avoir à sa tête, mais qui, bien que composée d'une partie du reste de ces vieilles bandes accoutumées à vaincre avec lui, récélait dans son sein une grande quantité d'hommes nouveaux, ou d'hommes fatigués de servir, et qui voyaient avec peine recommencer une guerre dont, avec un chef tel que lui, ils étaient sûrs de ne jamais voir la fin.

La malheureuse bataille du Mont-Saint-Jean, termina les rêves et détruisit totalement les espérances de l'ambitieux. Cette journée mémorable, malgré sa funeste issue, couvrira à jamais d'une gloire immortelle cette brave garde qui préféra mourir plutôt que de se rendre. Au lieu de mourir avec elle, comme elle mourait pour lui, et pour lui seul, Buonaparte reprit lâchement la route de Paris, où, plus lâchement encore, il fit une nouvelle abdication et alla se remettre entre les mains des Anglais, dans l'espoir que, par une seconde trahison, ils le ramèneraient peut-être encore pour bouleverser un pays naturellement leur ennemi.

En examinant de sang froid et impartiale-
ment la conduite de l'usurpateur pendant les
cents jours de sa puissance éphémère, on est
forcé de convenir que tout ce qu'il a fait est
marqué au coin de la timidité ; et l'on doit en
conclure avec assurance que, si les Anglai s ne
l'eussent pas poussé à cet acte de démence pour
pouvoir en profiter, il se serait bien gardé de
sortir d'une île où il conservait la puissance sou-
veraine à laquelle il n'eut jamais dû s'attendre
de parvenir (8).

Fiers d'une victoire qu'ils avaient remportée
par le nombre et par la trahison, les alliés se dé-
dommagèrent amplement du peu de fruit qu'ils
avaient recueilli de leur première invasion. Le
joug du tribut honteux qui pèse encore sur la
France, les dépouilles qu'ils en enlevèrent, les
monumens qu'ils détruisirent (9), tout laissera
à jamais dans le cœur des vrais amis de la patrie
des souvenirs que le temps et une paix longue
et durable pourront seuls effacer. Les réformes
opérées dans toutes les parties d'administrations,
jointes à des emprunts nécessités par les circonstances, donnèrent à la France les moyens de
remplir les obligations onéreuses contractées envers les étrangers : la sagesse du Roi et sa bonté
pour ses peuples les fit une seconde fois sortir
du royaume ; et cependant c'est depuis ce moment heureux que la fermentation des esprits a

augmenté : la liberté d'écrire dégénère en licence ; les représentans même de la Nation se
montrent à la fois lâches et téméraires, orgueilleux et rampans ; c'est au moment où le souverain adoré offre dans toutes ses actions le noble
image de bon Henri, son aïeul, que par des insi-
nuations sourdes, par des écrits séditieux, on
cherche à diminuer l'affection des peuples pour ce
Prince vénéré, et qu'à chaque instant on retrouve
des traces qui rappelent le souvenir du lâche auteur des maux qui affligent encore la Nation.

On ne peut se dissimuler que les réactions qui
ont eu lieu, les crimes même qui se sont commis,
soit pendant l'usurpation, soit lors de la
seconde restauration ; que les proscriptions sans
jugemens préalables : les arrêts des Cours Pré-
vôtales sans appel et dictés souvent par l'inimitié
et la vengeance, plus souvent encore par l'esprit
de parti : en un mot, que tous ces assassinats,
soit juridiques, soit révolutionnaires, dont quelques-uns sont malheureusement restés impunis,
sont la suite funeste du retour de l'usurpateur ;
mais on ne peut disconvenir en même-temps
qu'ils ne sont qu'un prétexte spécieux des mal-
intentionnés pour chercher encore, dans un sou-
lèvement qu'ils auraient provoqué, à satisfaire
leurs intérêts personnels. Imbus pour la plupart
des principes démagogiques qui ont causé le
malheur de la France, et dont ils sentent bien

(18)

en eux-mêmes le vice et le ridicule, ils voient
que pour parvenir à leur but ils ne doivent point
les mettre à découvert ; mais ils cherchent par
les souvenirs auxquels ils voudraient ramener
les idées ; à établir quelque espèce de point de
comparaison entre le règne despotique et sanguinaire de Napoléon, et le règne paternel et pacifique de Louis. Sous le mot d'*Idées Libérales*,
on s'aperçoit facilement qu'ils n'entendent que
ceux de Liberté, Egalité ou la Mort, qu'avaient
sans cesse à la bouche ces hommes féroces qui
souillèrent le nom Français par les crimes qu'ils
commirent ou firent commettre. Ces mots Liberté, Egalité, mal-entendus jadis, sont actuellement consacrés dans leur vrai sens par la
Charte constitutionnelle ; et c'est en cherchant
à trouver du ridicule dans leur exécution, que
ces hommes vicieux croient pouvoir ramener la
France à ces temps horribles dont le souvenir
seul fait frémir d'indignation et d'horreur. Quel
peut-être le but de cette frénésie, sinon d'ar-
borer l'étendard de la révolte et de profiter de
la licence effrénée qui en est la suite inévitable (*)? Ils savent bien, et l'expérience de 25 an-

* Les préconisateurs de ce qu'ils appellent idées libérales ne peuvent nier cette assertion. Tout en disant
qu'ils prennent la Charte pour leur égide, ils émettent
les mêmes principes que ceux que le corps illustre et
éclairé des avocats vient de condamner, en rayant de son
tableau M. Rey, dans ses écrits concernant le général Don-
dieu, etc.

nées a démontré que soit, par la nature de son
sol et sa population, soit par le caractère de ses
habitans, la France ne peut-être régie que par
le gouvernement d'un seul. Dès-lors, puisqu'on
ne peut s'empêcher de regarder ce principe
comme certain, il en est un autre qui en découle
naturellement, et c'est celui de la légitimité. Ce
mot détruit par lui seul tous les systêmes qu'on
pourrait créer contrairement à l'occupation du
trône par l'Auguste famille des Bourbons. Il est
pour la France le Palladium sacré dont la sous-
traction la ferait retomber dans l'anarchie et le
despotisme dont elle est heureusement délivrée:
c'est à ce mot seul que doivent se rattacher les
sentimens des vrais Français, et c'est lui qui doit
servir de base à leurs actions. A qui, en effet,
le droit de gouverner les Français peut-il appar-
tenir plus légitimement et avec plus de titres
qu'à cette Auguste famille qui, depuis plus de
mille ans est assise sur le trône ? Dans tous les
temps, les Français ont reconnu eux-mêmes la
légitimité de ces titres. Malgré l'occupation presque entière du royaume par les Anglais sous
Charles VI et Charles VII ; malgré les guerres
civiles sous Henri III et Henri IV, la France a
toujours su respecter les droits de cette famille,
dont les membres sont pour ainsi dire identifiés
avec les Français qui les regardent comme leurs
pères, et qu'eux-mêmes traitent comme leurs

enfans. Quel Prince, autre qu'un Bourbon, pourrait et oserait venir se mettre à la tête de cette Nation brave et courageuse ? Pendant quelques années la valeur d'un chef, les victoires auxquelles il avait accoutumé ses soldats, les richesses dont il dépouillait les ennemis vaincus et qu'il faisait refluer en France ; toutes ses actions, en un mot, qui semblaient tendre au bonheur des peuples, avaient fasciné les esprits en faveur de Buonaparte, et l'avaient élevé au rang suprême avec l'assentiment d'une grande partie des Français. Cet assentiment avait été arraché aux uns par les fatigues qu'ils éprouvaient encore des gouvernemens dévastateurs qui avaient précédé, et la force militaire de celui qui était à la tête de troupes accoutumées à vaincre régla les sentimens des autres : tous étaient mus par le principe bien reconnu qu'il leur fallait un chef unique ; mais la fermentation existait toujours : on se rappellait sans cesse le gouvernement paternel des Bourbons, leur amour pour la paix : la comparaison de leur règne doux et pacifique avec le gouvernement tyrannique de l'étranger était toute à l'avantage des premiers ; delà des divisions toujours renaissantes, des conjurations contre les jours du Consul ou de l'Empereur, et pour la subversion de ce monarque intrus. Un autre Prince, quelqu'il eût été, hors un Bourbon, aurait eu à craindre les mêmes attaques, les mêmes conjurations.

En prenant pour base la légitimité, les motifs de ces divisions cessent d'exister : tranquiles et soumis, les Français retrouveront unanimement cet amour pour leurs Rois qui, dans tous les siècles, les distingua des autres peuples; cet amour que les nations rivales ont cherché et sont parvenues à éteindre en partie, sachant bien qu'avec cet amour les Français étaient invincibles, et qu'en le leur ôtant, c'était le seul moyen de les diviser et de les détruire. Ce principe de légitimité établi, il n'est que des brouillons et des factieux qui puissent se permettre, comme on l'entend chaque jour, d'émettre des opinions subversives de l'ordre et qui ne tendent qu'à semer la division parmi les Français. L'heureuse restauration des Bourbons sur le trône doit faire cesser en France toute discorde, toute haîne; et elle entraîne avec elle, par une suite nécessaire, le bonheur de la nation. Les circonstances critiques et pénibles dans lesquelles s'est trouvé Louis XVIII, lorsqu'il a repris les rênes du gouvernement, ne l'ont pas empêché de faire tout ce qui a dépendu de lui pour le bonheur des Français. Les contributions énormes dues aux étrangers ont été acquittées régulièrement pendant leur séjour en France ; et lorsqu'il a été question d'obtenir leur départ, quels sacrifices n'a pas faits ce Monarque ? Des emprunts ont été ouverts, à la vérité, pour acquitter ce tribut honteux, mais ils étaient nécessaires ; et malgré l'augmentation des charges de l'Etat, c'est-à-dire, malgré l'augmentation des dépenses faites pour l'organisation de l'armée et sa formation au complet, malgré les travaux immenses qui se font partout pour l'utilité et l'embellissement de la Capitale et des Départemens, les impôts n'ont point été augmentés et il a encore été fait une économie de plus de 35 millions employés au dégrèvement de la Nation (10). A la légitimité reconnue unanimement se rattache nécessairement l'obéissance aux lois et aux ordres du Souverain. Cette obéissance n'est et ne doit point être cette obéissance passive et aveugle qui entraîne avec elle une soumission sans bornes à des ordres souvent tyranniques. La Charte, libre et digne conception d'un Roi, juste, bon et éclairé, la Charte, en garantissant aux Français cette liberté dont ils sont si jaloux, cette égalité qui ne peut exister que devant la loi, a lié au Monarque les mains pour faire le mal ; le droit de vérifier les lois et les impôts accordé aux représentans de la nation est un obstacle invincible à des ordres arbitraires ou despotiques. Dès-lors, à quoi peuvent aboutir ces vociférations scandaleuses d'hommes qui, imbus dès leur jeunesse des principes destructifs des gouvernemens et des cultes, cherchent à provoquer, à l'aide de ces mêmes principes, un bouleversement dans la machine,

afin de profiter de cette révolution nouvelle
pour obtenir des places et parvenir à des honneurs qu'ils ne méritent pas ? D'autres, méconn-
naissant la bonté et la clémence du Souverain,
cherchent à faire renaître dans les cœurs le mé-
pris des lois et à provoquer l'insurrection comme
le plus saint des devoirs, sous le prétexte spécieux, soit des assassinats restés malheureusement impunis jusqu'à présent, soit du bannisse-
ment de quelques régicides qui, dans le cœur
des âmes honnêtes, devraient être voués pour
jamais à l'exécration publique. Les uns ne peuvent oublier leur ancienne origine et croient par
là avoir le droit de mépriser les hommes nouveaux qui ne doivent qu'à eux-mêmes, à leur
mérite et à leurs services l'illustration qu'ils ont
acquise, tandis qu'ils devraient, portant leurs
regards sur eux-mêmes, reconnaître qu'ils sont
dégénérés des vertus de leurs ancêtres, dont le
premier, qui illustra sa race, fut peut-être par son
extraction bien loin au-dessous de ces hommes
nouveaux qu'ils méprisent : les autres, se croyant
d'une classe d'hommes encore plus privilégiée,
oubliant qu'ils sont les Ministres d'un Dieu de
paix et de tolérance, crient à l'irréligion, à la
perversité, et refusent même la participation
aux sacremens à ceux qui n'obtempèrent pas
aux ordres qu'ils donnent comme émanés de la
divinité ; s'ils rentraient en eux-mêmes ils re-

connaîtraient sans peine, qu'aux décrets immoraux (11) des premiers temps de l'anarchie révolutionnaire, qui ont porté une atteinte funeste à
la religion, ils doivent ajouter leur conduite
souvent scandaleuse, et surtout leur intérêt personnel trop bien caractérisé qui les porte à des
menées que l'on doit nommer séditieuses,
puisque tous méconnaissent les ordres du Souverain légitime (12). Provoquer de quelque manière que ce soit l'attention des peuples sur les
mesures prises par le chef du gouvernement, est
dans tous les cas possibles une atteinte à la pré-
rogative royale et au plus beau privilége du Souverain ; c'est vouloir rallumer le flambeau de la
discorde ; c'est vouloir renouveler les scènes
d'horreur dont la France a été souillée, et dont
elle gémira si long - temps. On veut oublier
qu'après une fin de révolution aussi désastreuse,
il est impossible de remédier à tout et tout-à-
la-fois : que malgré les réformes et les écono-
mies, il est impossible que les plaies ne saignent
pas encore et qu'il faudra un longtemps pour
les fermer tout-à-fait et rendre à la France
cette splendeur que les armes lui avaient acquise.
La paix , en lui rendant le bonheur et la tranquilité fera renaître par degrés cette même splendeur et l'assurera sur des bases plus solides et
plus durables. Malgré la bravoure naturelle des
Français, ils ne doivent pas oublier que les mal-

heureuses campagnes de 1814 et de 1815 leur
ont enlevé tous les moyens de se faire respecter
par les armes ; que leurs suites funestes les em-
pêcheront pendant long-temps de pouvoir lut-
ter avec avantage contre des voisins jaloux de
leur puissance et de la richesse de leur sol, et
qui cherchent à entretenir les divisions parmi
eux, afin de pouvoir en profiter et les faire
courber une seconde fois sous un joug plus despotique.

C'est donc avec bonne foi et impartialité que
les Français doivent agir pour éviter de retomber dans l'anarchie. En examinant de bonne foi
les principes de leur gouvernement, ils recon-
naîtront, comme il a été dit plus haut, qu'il ne
peut-être que monarchique ; et, en se guidant
par l'impartialité, ils verront qu'ils ne peuvent
plus être régis que par un Souverain constitu-
tionnel ; dès-lors, ils ne pourront s'empêcher
d'adopter la légitimité, et cette légitimité bien
entendue les forcera à se rallier autour du Roi,
à abjurer toute haîne, toute discorde, tout esprit de vengeance et de parti, à exécuter sans
murmure et sans discussion les ordres d'un Prince
qui fait tout pour leur bonheur, et qui, avec la
garantie qu'il a donnée de la Charte, leur a prouvé
son amour et sa bonté paternelle. C'est alors que
forts de leur union, ils retrouveront cet enthousiasme et cet amour de la patrie, vrai, réel et dé-

taché de tout souvenir personnel qui les distingua dans le tems que, non encore imbus de ces
principes dévastateurs qui renversèrent le trône,
ils donnèrent à Louis XVI le nom de *père de la
patrie et de restaurateur de la liberté française*;
nom que Louis-le-Désiré a mérité de même;
c'est alors qu'ils reprendront naturellement cette
supériorité qu'ils avaient acquise, que la paix
consolidera, c'est alors, enfin, qu'ils redevien-
dront vrais Français.

Puissent ces vœux que doivent former tous les
vrais amis de la patrie être bientôt exaucés! Puissent tous les Français sentir la nécessité de cette
réunion autour du trône! Puissent toutes les
haînes, toutes les dissentions disparaître devant
ce mot sacré de *légitimité* qu'ils doivent regarder
comme leur seul point de ralliement! Puissent-
ils appuyés sur cette base inébranlable, ne plus
avoir qu'un seul sentiment, une seule et même
pensée, l'obéissance aux lois et la soumission
respectueuse aux ordres du Souverain! Puissent-
ils, enfin, en adoptant ce principe nécessaire, ne
plus faire entendre ces cris d'intolérance, ces
voix séditieuses dignes des temps horribles des
Robespierre et de ses exécrables complices!

NOTES.

(1). Personne ne peut contester la splendeur de la France en 1783. A cette époque, malgré les pertes énormes causées par la guerre d'Amérique, la marine était très-florissante et avait même obtenu sur les Anglais la supériorité à armes égales : nos ports, nos arsenaux étaient remplis ; le commerce commençait à renaître ; les impôts étaient modérés : enfin Louis XVI venait d'illustrer son règne par des monumens qui fixeront dans tous les temps l'admiration générale.

(2) La répartition des impôts, suivant la quantité des possessions, était le principal remède indiqué que la noblesse ne voulut point adopter, ce qui fit en partie soulever les peuples. D'un autre côté, le clergé craignant avec raison qu'on attentât à ses priviléges, quoique abusifs, ne voulut faire aucuns sacrifices ; enfin le tiers-état, voyant à sa tête des hommes des deux autres ordres, que l'intérêt personnel, l'ambition ou d'autres motifs avaient portés à se ranger de son côté, ne se borna pas à ses premières demandes, et éleva ses folles prétentions à des objets dont les suites désastreuses renversèrent le trône et l'autel.

(3) L'enthousiasme des troupes pour Buonaparte et les généraux habiles qui se montrèrent pendant les guerres que la France a eu à soutenir pendant tant d'années, avait eu pour base les principes républicains : l'habitude de vaincre l'augmenta, et le dénuement absolu dans lequel elles se trouvaient les accoutuma au pillage et surtout à commander en vainqueurs dans les pays qu'elles conquéraient. Les chefs, loin de s'y opposer, étaient forcés

de fermer les yeux sur des désordres dont ils profitaient eux-mêmes, en ayant l'air de les faire au profit de cette république qu'ils regardaient les premiers comme une chimère. Buonaparte enchérit sur tous à cet égard. Quant aux grands avantages qu'il obtint, il faut ajouter à la tactique militaire qu'il possédait, cet avantage du grand nombre d'hommes qu'il sacrifiait pour venir à bout de ses fins; et c'est à la bataille de Marengo qu'il conçut la première idée de ce système sanguinaire. L'armée était dans une déroute presque complète lors de l'arrivée de la colonne commandée par le brave Desaix; l'armée autrichienne, en se développant sur ses flancs, allait entourer de toutes parts le reste des troupes qui étaient encore sur le champ de bataille : quelques milliers de fuyards sont ralliés à la colonne qui fond en masse sur le centre des Autrichiens qui était dégarni par son développement, l'enfonce et charge en même-temps avec impétuosité les deux ailes. Buonaparte éxaminait ce mouvement et ne put s'empêcher d'exprimer son étonnement sur cette manœuvre imprévue qui nous donna la victoire; et il l'employa dès-lors avec un succès qui fait frémir quand on songe au nombre d'hommes sacrifiés depuis à l'ambition d'un seul, qui en avait le double lorsqu'il l'ordonnait.

(4) Un ouvrage de M. Dangeais sur la vie de cet homme indéfinissable, mais que M. Dangeais devait connaître, lui donne aussi la qualification de lâche; cependant il n'entend par cette expression que l'amour de la vie. D'après la conduite privée et politique de Buonaparte, il est avéré qu'il n'avait aucuns principes de religion; dèslors on ne peut nommer sa fuite d'Égypte, d'Espagne, de Moscou et sa pusillanimité à mourir comme un Brutus ou un Caton, autrement que du mot de lâcheté dans son vrai sens; puisque, ne craignant, comme on dit vulgai-

rement, ni Dieu, ni diable, il devait mourir les armes à la main, ou se détruire lui-même pour ne pas survivre au renversement de son trône.

(5) Jusqu'à la rupture des conférences de Châtillon-sur-Seine, les Anglais étaient incertains s'ils consentiraient à remettre Louis XVIII sur le trône ; les autres puissance (excepté Alexandre I.er) n'en étaient pas plus d'accord. On n'ignore pas que pendant le séjour de Monsieur, frère du Roi, à Vesoul (Haute-Saône), séjour qui fut de plus de trois semaines, il ne pouvait en sortir, étant gardé, pour ainsi dire, à vue par les Prussiens et les Autrichiens, et qu'il fut obligé de prendre un passeport Russe afin de pouvoir se montrer à tous les Français. On n'ignore pas de même que ce fût la rélation adressée au Roi par M. Descars, de l'enthousiasme des habitans de Vesoul à l'arrivée de Monsieur, et qui fut mise sous les yeux du Régent et des ministres, qui fit rompre ces conférences, par la crainte qu'ils eurent que cet enthousiasme ne fût général et que dès-lors ils avaient tout à craindre pour leurs troupes.

(6) L'Auteur, émigré à l'âge de 17 ans et demi, atteste ici que ce n'est que l'amour de son Roi qui l'a porté à sortir de France ; mais il ajoute que cette émigration lui a été commandée par cette espèce de honte que l'on attachait alors sur ceux des royalistes qui ne suivaient pas le torrent. Quant à la Religion, il convient encore qu'elle n'avait qu'une faible part dans ses motifs. Il soutient aussi, comme il l'a fait même dans le corps commandé par Monseigneur le Prince de Condé, où il a porté les armes pendant dix ans, que, sur 80,000 hommes en état de porter les armes, qui avaient suivi les Princes, il n'a pas existé beaucoup d'individus qui puissent dire avoir émigré UNIQUEMENT pour Dieu et le Roi. Tout émigré de bonne foi conviendra de la vérité de cette assertion. Ce que l'on connaît des chefs de la Vendée prouve

de même, qu'à l'exception de quelques-uns, le reste ne
se battait pas UNIQUEMENT pour Dieu et le Roi.

(7) Les prétentions chimériques des nobles et des
prêtres étaient telles, qu'en septembre 1814, dans le dé-
partement de la Haute-Saône, un gentillâtre s'était permis
de faire élever dans la cour d'une maison de campagne,
qu'il appelait son castel, trois carcans pour faire exécuter les jugemens de sa seigneurie, lorsqu'on lui aurait
rendu la justice haute et basse : ce qui ne manquerait
pas, disait-il, d'arriver bientôt. Un curé de campagne
avait de même pris à bail une grange, afin, disait-il, d'y
déposer le produit des dîmes qui allaient être rendues
au clergé. Ces deux faits, entre beaucoup d'autres, avaient
tellement exaspéré les esprits, que si Buonaparte n'était
pas revenu en France, et que Louis XVIII n'eût pas mis
ordre par un coup d'autorité à ces malheureuses vexations,
il est certain que la Franche-Comté entière se soulevait et
eût donné le spectacle affreux d'une révolte peut-être aussi
terrible qu'en 1790 par l'incendie des châteaux, etc. Le
retour de l'usurpateur fut peut-être en cet instant un
bonheur pour cette province qui, à la restauration, a
montré une fidélité peu commune envers un Souverain
qu'elle adore, et qui n'a en vue que le bonheur de ses
peuples.

(8) La vérité de cette assertion se prouve par l'anxiété
de Buonaparte dès le moment de son débarquement jusqu'à son passage près du fort de Sisteron, où il s'attendait
à être attaqué. Il témoigna tant de joie de ce qu'on ne
s'opposait pas à son passage et qu'on ne tirait pas le canon
du fort sur quelques hommes qu'il avait envoyés en éclai-
reurs, qu'il fit bien voir l'embarras où il se trouvait, puisque c'était le seul endroit par où il pouvait passer pour
arriver à Grenoble où on l'attendait, et qu'un seul coup
de canon l'eût forcé à rétrograder.

(9) Grâces soient à jamais rendues à l'Alexandre du

Nord pour le mal qu'il a empêché! Les souvenirs de sa bienfaisance effacent presque en entier ceux des vexations et des spoliations de toute espèce opérées dans la Capitale par les Princes alliés. A leur première entrée en France ils avaient essayé de prouver qu'ils étaient nos amis; mais, à leur seconde invasion, ils ont prouvé que, malgré leurs déclarations que ce n'était qu'à l'usurpateur qu'ils en voulaient, c'était à la France entière qu'ils s'en prenaient d'une usurpation qu'ils avaient eux-mêmes fomentée, et à laquelle ils avaient donné les mains.

(10) L'on peut consulter à cet égard le procès-verbal de la séance de la chambre des députés, du 2 juillet 1819, qui prouve l'exactitude de ces faits.

(11) En tête de ces décrets immoraux on peut placer celui rendu par la Convention qui accorde une gratification de 200 francs à toute fille qui mettra au monde un enfant mâle. Ce décret est à la vérité tombé en désuétude, mais il n'a point été abrogé, et si quelque malheureuse venait, la loi à la main, demander cette gratification, pourrait-ton la refuser sans arbitraire?

(12) L'auteur n'a pas voulu s'étendre davantage sur cette matière, et donner par-là une plus grande publicité aux scandales causés dans tous les pays de la France par les ecclésiastiques; il gémit même d'avoir été forcé à en parler. Vrai chrétien, bon catholique, il ne lui convient pas de juger les Ministres de son culte, et il a trop de respect pour la religion sainte qu'il professe pour ne pas suivre le précepte du divin législateur, en cherchant à couvrir leurs fautes; mais il déclare hautement que le peu qu'il en a dit n'a été que par le désir de les voir revenir aux sentimens de tolérance, d'humanité et de respect pour les lois et les ordres du Souverain; et que ce qu'il a osé avancer, marqué au sceau de la vérité, n'ôte rien à son respect pour les Ministres d'un culte qu'il révère, dans lequel il est né et dans lequel il mourra.

www.ingramcontent.com/pod-product-compliance
Lightning Source LLC
Chambersburg PA
CBHW071415030726
47594CB00006B/2463